ストレスチェックの受検後の流れ

ストレスチェックを受ける

↓

結果を受け取り、自分のストレスの状況を知る

↓

自分の生活、働き方をふりかえる

↓

医師の面談を受ける

↓

必要に応じて働き方を改善

セルフケアを行う P.8～

悩まず相談する P.14 ～

↓

元気に活き活きと働く！

CONTENTS

1 ストレスチェック結果の見方

結果は、チェックを受けた本人に、直接通知されます。
自身のストレス状況について、確認しましょう。

（例）

各数値の内容をみます

ストレスの総合評価

全体的にみるとあなたは ...

仕事のストレス要因があり、心身への負担もあるようです。ストレスの原因にお気づきですか。自然に親しむなど自分に合った方法でストレスを解消しましょう。

あなたはストレスが高い状態です（高ストレス者に該当します）。

評価結果（点数）について...

心身のストレス反応	81/ 116点
ストレスの要因	45/ 68点
周囲のサポート	20/ 36点
合計	146/220点

※点数が高いほどストレスが高い状態です。

高ストレスの場合はP.6へ

レーダーチャートの見方

均等に大きく広がっているほど良好な状態を示します。反対に、チャートの示す範囲が狭くなり、中央のカラーゾーンに入っている場合は、ストレス反応が高い状態です。

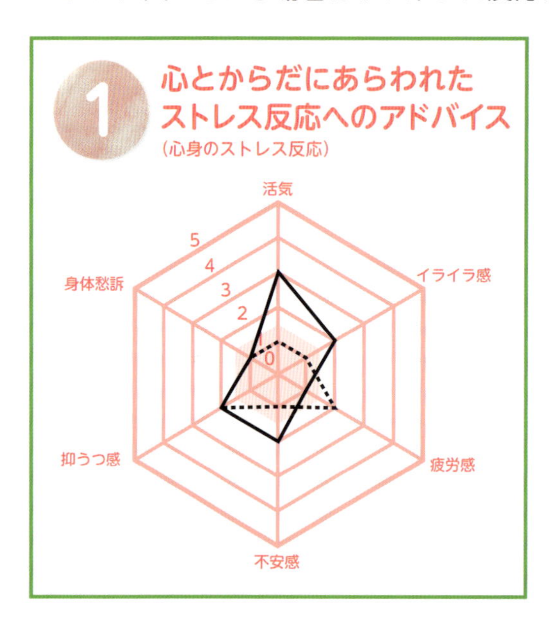

◀自分の心とからだに、気になる反応が出ていないか、確認します。

◀「身体愁訴」とは、あなたが自覚している症状で、ストレスにより、からだに不調があらわれていると思われるものです。頭痛や、肩こり、腰痛、胃腸系の不調、食欲の不振、不眠などがあります。

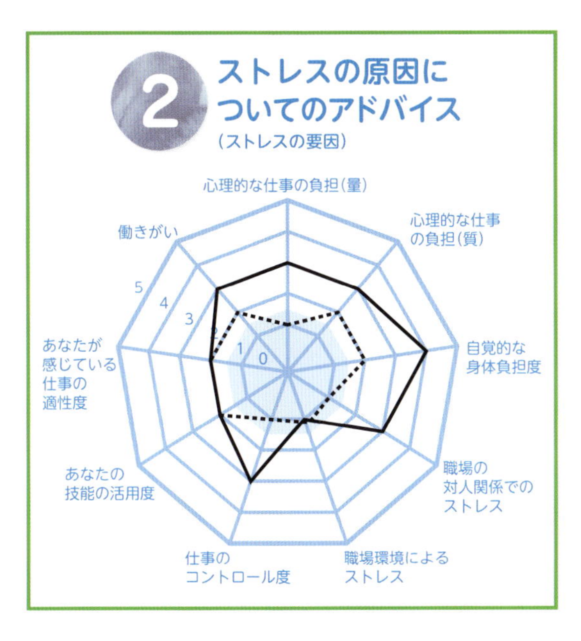

◀現在の仕事によって、あなたが受けているストレスの要因が何か、確認します。

▼周りのサポートが得られているかを確認します。コミュニケーションが良好で、周囲のサポートが得られているとストレスが軽減されます。

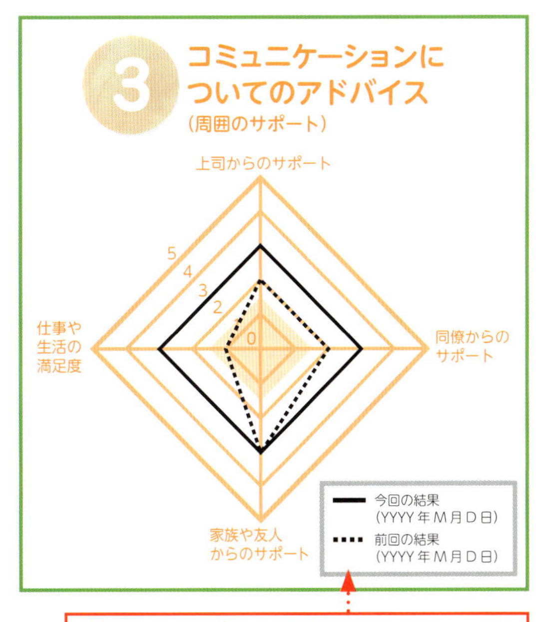

<注意点>
- 主に、仕事に関連したストレスについての結果です。家庭や仕事以外のストレスによるストレスは測定されていません。
- ストレスチェック結果を受けた時点の状況をあらわしています。
- 性格の違いは、考慮されていません。人によって、ストレスの反応が異なります。

前回との違いを見てみましょう

※上記は、中災防ヘルスアドバイスサービスでの様式です。
業者によって異なるため、書かれている数値の見方をよく確認しましょう。

2 高ストレスと判定、面談が必要と通知されたら

ストレスチェックの結果で、あなたのストレスが高かった場合、医師による面談を勧められる場合があります。健康で活き活きと働き続けるために、できるだけ面談を受けましょう。高ストレスであるからといって、病気であると判定されたわけではありません。

また、面談を受けるかどうかはあくまで任意です。しかし、医師による面談を受けることで、あなた自身が気づいていない心とからだの不調に気づき、対応するきっかけとなります。

医師の面談を申し出ましょう

- 面談の日時・場所が調整され、連絡がきます。
- 費用は事業者の負担で行われます。
- 会社への申し出に不安がある場合は、社内の健康相談や外部の相談機関を利用しましょう。

面談は以下のように進められます

\ ❶ 面談の実施 /

面談では、次の内容が確認されます

- 働き方の状況
- 心理的な負担の状況
- そのほか心とからだの健康状況
- ストレス対処のためのアドバイス

\ ❷ 医師から会社側へ意見が伝えられる /

面談の結果、メンタルヘルス不調を防止するため、必要により時間外労働の制限、仕事量の調整、出張の制限、作業の転換、深夜勤の回数の制限、療養のための休業などの措置の内容が伝えられます。

\ ❸ 働き方の改善を実施 /

医師の意見をもとに、職場で必要な対応がとられます。その際は、本人に意見を聞き、了解のもとで行われます。

また、上司の理解を得るために、プライバシーに配慮しつつ、必要な説明が行われます。

あなた自身の健康のために プライバシーは守られ、不利益は受けません

面談の申し出を行うと、ストレスチェックの結果を会社側に提供することに同意したとみなされるので、申し出をためらう方もいるかもしれません。

しかし、面談で医師からは、適切なアドバイスが得られます。また、これ以上ストレスが高まることのないよう、職場への指導も行われ、具体的な対策がとられることになります。

自身の健康のために、面談を申し出ましょう。

3 今日からはじめるセルフケア

心もからだも健康で、活き活きと働き続けるためには、ストレスに対処する行動をとる「セルフケア」が必要です。今日からはじめる心のケアを紹介します。

(1) 生活リズムを整えよう

セルフケアの基本は、睡眠、食事、運動の生活リズムです。

しっかりと質の良い睡眠をとる

心の健康を維持するためには、質の良い睡眠をしっかりととることが大切です。毎日気持ちよく目覚め、1日を過ごしましょう。

ポイント

- 起きたら朝日の光をあびる。
- 毎日十分な睡眠時間を確保する。日中眠気が起きなければ睡眠時間は足りています。
- 就寝前の激しい運動は避け、食事は寝る2時間前までにする。
- 同様に就寝前の飲酒、喫煙、コーヒーやお茶などのカフェイン摂取をさける。
- 就寝前のテレビやスマートフォン、パソコンの操作も液晶のブルーライトが安眠を妨げる。

バランスの良い食事

1日3回、バランスの良い食事をきちんととりましょう。

疲労回復に役立つビタミンB1、免疫力を高めるビタミンCなど、必要な栄養素をとることで、ストレスに向き合うことができます。

ポイント

- 加工食品、高脂肪が中心のメニューより、自然食品を選ぶ。
- 青魚に含まれる、DHA（ドコサヘキサエン酸）、EPA（エイコサペンタエン酸）は抗うつ効果が期待できる。積極的にとるようにする。

！ 食欲がなくなったり、反対に暴食してしまったり、食欲にあらわれるサインは心の不調のあらわれです。

適度な運動 立つ、歩く動作を増やす

からだを動かすと、気分転換やストレス解消になるほか、脳が活性化して意識や集中力も向上します。日常生活にちょっとした運動を組み込みましょう。

ポイント

- エレベーターより階段を使う。
- 座っている時間を減らし、メールや電話より直接出向いて伝えにいく。
- 駅までの行き帰り、10分ずつ遠回りする。

(2) ストレス解消法を見つけよう

肩こりや、胃腸の不調、不眠など、ストレスによる反応は、人それぞれ。ストレスの対処法として、日ごろから自分にあった解消法を探し、長く続けることが大切です。

仲のよい友人と
おしゃべりしたい

名所・名跡めぐりで
歴史の世界にひたりたい

好きな音楽を聴いて
ゆっくりしたい

とにかく
疲れたからだを休めたい

職場でできる簡単リラックス法

肩の力を抜こう ～筋弛緩法～

心の緊張が続くと無意識のうちにからだも緊張した状態になります。意識的にからだの一部にぐっと力をいれ、10秒数えてから一気に力を抜き、じんわりからだに血液がながれていくのを感じましょう。

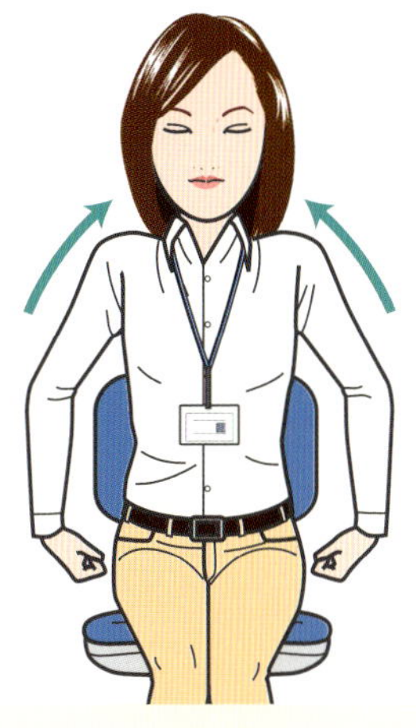

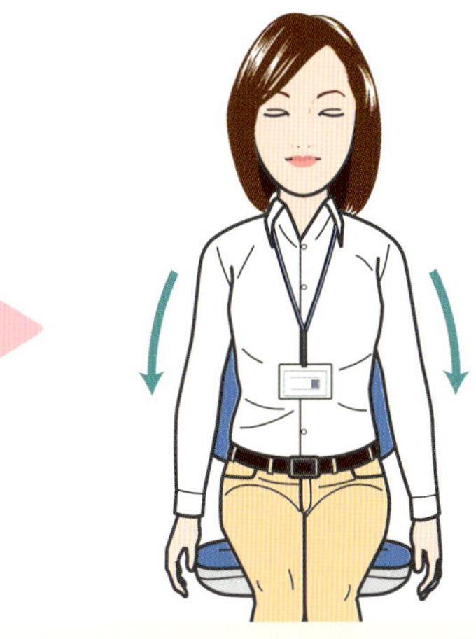

① 両肩を持ち上げて力を入れます

②10秒数えたら肩の力をストンと落とします

まずは一息、落ち着こう ～腹式呼吸～

仕事のプレッシャーであせってしまったり、不安で心がいっぱいになってしまうと、呼吸が浅く速くなりがちです。そんなときは、落ち着いて、腹式呼吸を行いましょう。

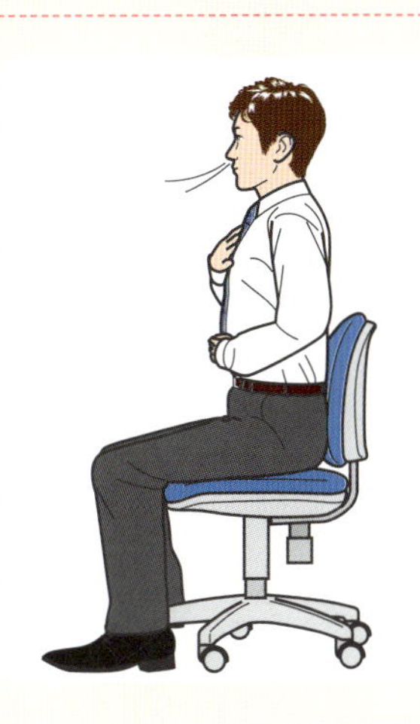

【吸う】
- 背筋を伸ばして、鼻からゆっくり息を吸い込む
- 空気をためるイメージでおなかを膨らませる

【はく】
- 口からゆっくり吸うときの2倍時間をかけ息を吐き出す

（3）職場で役立つ コミュニケーション術

ストレス要因として、多くの人が「人間関係」をあげています。あなたの日常のコミュニケーション力をアップさせて、お互い気持ちよく働きましょう！

コミュニケーションの基本

職場にはいろいろな年代や役割、価値観を持った人がいます。挨拶、返事は、そうした違いを超え、相手を尊重するというメッセージとなります。

また感謝やねぎらいの気持ちをこまめに伝えるとよいでしょう。

- 相手の目を見て、自分から挨拶
- ○○さん！　相手の名前を呼ぶ

相談、頼みごとは相手の状況をみて

仕事のサポート、相談にのってもらいたい…

- 相手の状況をみて声をかけましょう。
- 自分の都合ばかりを主張しないようにしましょう。
- 相談内容、頼みごとは、まとめておき、はっきり簡潔に伝えます。

上司のあなたは…

聴く姿勢を示し、話しやすい雰囲気をつくると、部下は安心して話すことができます。

注意をされたときは

仕事でミス!!　上司から注意を受けた…

- まず事実を冷静に受け止めましょう。
- 相手はあなたのために言ってくれています。
- 成長のチャンスと捉えましょう。

上司のあなたは…
　感情的にならず、事実を指摘するようつとめましょう。あくまで部下の成長を促し、本人の人格をけなしてはいけません。

上手に断る

急な仕事を上司から頼まれた、でも今の仕事で手一杯…

- できない理由を説明しましょう。
- どちらを優先すべきか、判断を仰いだり、いつなら対応できるか、自分で考える代案を伝えましょう。

上司のあなたは…
　仕事の期限と目的を明確に伝えましょう。部下も業務の調整を考えることができます。

（4）一人で抱え込まず相談しよう

ストレスに自分は強い、大丈夫と思っている人であっても、時には落ち込んで悩むことがあります。

「相談しても解決しない」「相手に迷惑がかかる」「悩んでいることを知られたくない」などの理由から相談をためらう人も少なくないと思われます。しかし、相談によって9割以上の人が、効果があったと感じています（下図参照）。

つらいときは無理をせず、家族、友人などの身近な人や、職場の上司・同僚に話を聴いてもらったり、会社の健康相談などを利用することが大切です。

話すことで、気持ちがすっきりしたり、新しい気づき・見方をすることができます。普段から話を聴いてもらえる人をつくっておきましょう。

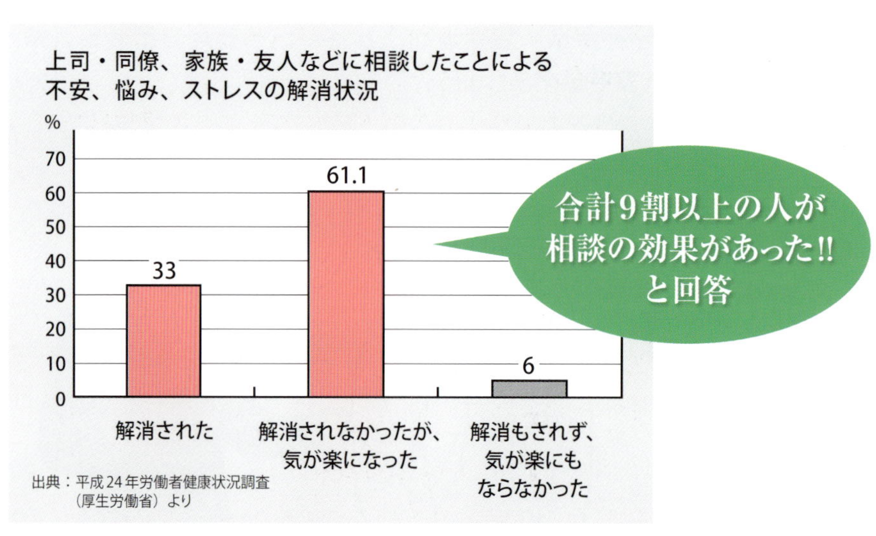

出典：平成24年労働者健康状況調査（厚生労働省）より